AF497475

آخرت کی کہانی انسان کی زبانی

عبدالشکور دینپوری

ISBN 978-93-5872-995-5

9 789358 729955

© عبدالشکور دینپوری

آخرت کی کہانی انسان کی زبانی	:	کتاب
عبدالشکور دینپوری	:	مصنف
اعجاز عبید	:	پروف ریڈنگ / تدوین
مذہب	:	صنف
تعمیر پبلی کیشنز (حیدرآباد، انڈیا)	:	ناشر
۲۰۲۴ء	:	سالِ اشاعت
۴۴	:	صفحات
تعمیر ویب ڈیزائن	:	سرورق ڈیزائن

پیش لفظ

میری انتہائے نگارش یہی ہے

تیرے نام سے ابتدا کر رہا ہوں

لوگوں نے ہر چیز میں اختلاف کیا۔ اپنی اپنی رائے رکھی۔ نظریہ علیحدہ خیال جدا راہ مختلف پر چلے۔ بلکہ ذاتِ خدا میں بھی اتفاق نہ ہو سکا۔

دو خدا یہودیوں نے تصور دیا، نصرانی تین خدا کے قائل ہوئے، ایران نے خیر و شر کے خدا منوائے، مشرکین عرب ۳۶۰ خدا کے قائل ہوئے ہندوؤں نے ۳۳۳۶ کروڑ دیوتاؤں کے پجاری نظر آتے ہیں۔ ہمہ اوست ہمہ از وست کی تقسیم کی گئی۔ لا شریک خدا مشرک بن گئے۔

اسی طرح مذاہب میں تفریق اعتقاد کا جھگڑا، تصور میں انتشار، نبوت میں اختلاف کیا، سچا نبی جھوٹا نبی، ظلی نبی بروزی نبی، اصلی نبی نقلی نبی، ایک نبی دو نبی، گھر گھر نبی مدینہ نبی، اسلام کفر، توحید شرک، حق و باطل، سچ و جھوٹ کے پلیٹ فارم بن گئے۔

پھر عجیب تصورات دیئے۔ حاضر و ناظر، عالم الغیب، نور و بشر، عالم ماکان ماکون، نبی مختار کل، حیات النبی ممات النبی، ایک طوفان کھڑا ہوا۔ استغفر اللہ

کتابیں تحریر ہونے لگیں، پلیٹ فارم بن گئے، مختلف جماعتیں نظر آنے لگیں،

آپس میں مناظرے، مجادلے، مباہلے، مکالمے، کفر کے فتوے، مسجد، مدرسہ، کلمہ، اذان، ایمان، فرمان میں اختلاف ہوا۔ صحابہ کرامؓ، آلؑ رسول ﷺ کے متعلق جدا جدا نظریات رکھے گئے۔ صرف موت ہے جس میں کسی مذہب کسی فرقے کو اختلاف نہیں ہے۔ موحد مشرک، مسلمان کافر، امیر غریب، حسین و بدصورت، مرد عورت، عرب و عجم، مغرب و مشرق، صغیر و کبیر، حاکم و محکوم، عالم جاہل، دوست دشمن سب متفق ہیں کہ موت برحق ہے۔ یقیناً قبر کا مہمان ہو گا۔ جو دنیا میں آیا قبر کی طرف ایک دن جائے گا۔ تندرست بیمار، خورد و کلاں، شاہ و گدا، عالم و جاہل، سب اس دار فانی سے عالم بقاء کو روانہ ہوں گے۔ ناتواں پہلوان سب کوچ کریں گے۔

نہ آیا جو کہ باقی رہا

نہ ساغر رہا نہ ساقی رہا

اس لئے فکر آخرت، ذکر موت پر میں نے قلم اٹھایا کہ ہر انسان ایک حقیقت اور اٹل بے بدل چیز کا تصور حقیقی رکھے۔ چند نصائح، پند و موعظت کی حکایات، بزرگان کی کلمات، سچے واقعات، موت کے حالات، قرآنی آیات، نبوی ارشادات کا مجموعہ تیار کیا۔ شاید و باید کوئی اہل دل اس سے نصیحت حاصل کرے اور آخرت کے لئے کوئی سامان ایمان، ایقان، قرآن، نبی آخر الزمان کا فرمان بن جائے۔ اللہ اور اس کا رسول راضی ہو جائے اللہ کے فضل سے خاتمہ بالخیر ہو جائے، سچی بات پر یقین کرے، قبر و حشر میں نجات ہو جائے۔

توفنی مسلماً والحقنی بالصالحین

محمد عبدالشکور دینپوری

تذکرہ موت قرآن میں!

کُلُّ مَنْ عَلَیْھَا فَانٍ وَّیَبْقٰی وَجْہُ رَبِّکَ ذُوالْجَلَالِ وَالْاِکْرَام۔

جو کوئی زمین میں ہے فنا ہونے والا ہے اور باقی رہے گی ذات تیرے رب کی بزرگی اور عظمت والی۔

کُلُّ نَفْسٍ ذَائِقَۃُ الْمَوْتِ کُلُّ شَیْئٍ ھَالِکٌ اِلَّا وَجْھَہ۔

ہر جی کو موت چکھنی ہے۔ ہر چیز فنا ہونے والی ہے مگر اس کی ذات۔

اَیْنَ مَا تَکُوْنُوْا یُدْرِکْکُّمُ الْمَوْتُ وَلَوْ کُنْتُمْ فِیْ بُرُوْجٍ مَّشَیَّدَۃٍ۔

جہان کہیں بھی تم ہوئے موت تم کو آپکڑے گی۔ اگرچہ تم مضبوط قلعوں میں ہو۔

خَلَقَ الْمَوْتَ وَالْحَیٰوۃَ لِیَبْلُوَکُمْ اَیُّکُمْ اَحْسَنُ عَمَلًا۔

موت و حیات کو پیدا کیا۔ تا کہ جانچے تم میں کون اچھا کام کرتا ہے۔

قُلْ اِنَّ صَلَاتِیْ وَنُسُکِیْ وَمَحْیَایَ وَمَمَاتِیْ لِلّٰہِ رَبِّ الْعٰلَمِیْنَ۔

تو کہہ میری نماز میری قربانی میرا جینا میرا مرنا اللہ ہی کے لئے ہے جو سارے جہان کا پالنے والا ہے۔

قُلْ اِنَّ الْمَوْتَ الَّذِیْ تَفِرُّوْنَ مِنْہُ فَاِنَّہٗ مُلٰقِیْکُمْ۔

تو کہہ موت جس سے تم بھاگتے ہو۔ وہ ضرور تم کو ملنے والی ہے۔

تذکرہ موت پیغمبر کے فرمان میں!

اکثرواذکرھاذم اللذات قیل وماھاذم اللذات قال الموت۔ (مشکوٰۃ)

ترجمہ: جب صبح کرے۔ پس انتظار شام کا نہ کر۔ جب شام کرے۔ تو صبح کا انتظار مت کر اپنے آپ کو مردوں میں شمار کر۔

من مات فقد قامت قیامتہ۔

ترجمہ: لذتوں کو مٹانے والی کو اکثر یاد کیا کرو۔ صحابہ نے عرض کیا۔ لذتوں کو مٹانے والی کیا ہے؟ فرمایا (موت)۔

ان المیت لیعذب ببکاء اھلہ۔

ترجمہ: جو مر گیا۔ اس کے لئے قیامت قائم ہو گئی۔ (ف) اس قیامت سے مراد قیامت صغریٰ ہے۔

اغتنم خمساً قبل خمسٍ شبابک قبل ھرمک وصحتک قبل سقمک وغناء ک قبل فقرک وحیاتک قبل موتک وفراغک قبل شغلک۔

ترجمہ: گھر والوں کے رونے سے میت کو عذاب ہوتا ہے۔ بشرطیکہ اگر رونے والے کی زبان سے خلاف شرع الفاظ سرزد ہوئے۔

ترجمہ: پانچ چیزوں کو پانچ چیزوں سے پہلے غنیمت سمجھ۔ جوانی کو بڑھاپے سے پہلے صحت کو بیماری سے پہلے تونگری کو تنگدستی سے پہلے زندگی کو موت سے پہلے فراغت کو مشغولیت سے پہلے۔

خلفائے راشدین اور تذکرہ موت

قول صدیق اکبر:

کل امرء مصبح فی اھلہ والموت ادنی من شراک نعلہ (بخاری)

ترجمہ: "ہر فرد کو اپنے اہل میں صبح اچھی گزرنے کی دعا دی جاتی ہے۔ حالانکہ موت جوتی کے تسمہ سے زیادہ قریب ہوتی ہے"۔

قول فاروق اعظم:

کفی بالموت واعظا یا عمر۔

ترجمہ: "عمر! واعظ کے طور پر موت ہی کافی ہے"۔

قول ذوالنورین:

ان القبر اول منزل منازل الاخرۃ۔

ترجمہ: "قبر آخرت کی پہلی منزل ہے"۔

قول علی مرتضٰی:

موت سے بڑھ کر سچی اور امید سے بڑھ کر جھوٹی کوئی چیز نہیں ہے۔ موت ایک بے خبر ساتھی ہے۔ جب نماز شروع فرماتے۔ لرزہ براندام ہو جاتے۔ فرماتے: ڈرتا ہوں قبول ہوگی یا نہیں۔

قول ابو بکر:

الظلمات خمس والسراج لھا خمس حب الدنیا ظلمۃ والسراج لہ التقویٰ والذنب ظلمۃ والسراج لہ التوبۃ والقبر ظلمۃ والسراج لھا لا ایلا الا اللہ محمد رسول اللہ والاخرۃ ظلمۃ و السراج لھا العمل الصالح والصراط ظلمۃ والسراج لہ الیقین۔

ترجمہ : تاریکیاں اور اندھیریاں پانچ قسم کی ہوتی ہیں اور ان ظلمتوں کو دور کرنے کے لئے چراغ بھی پانچ قسم کے ہوتے ہیں ۔ دنیا کی محبت تاریکی ہے ۔ جس کا چراغ پرہیز گاری ہے (۲) ۔ معصیت اور گناہ بھی ایک تاریکی ہے جس کا چراغ توبہ ورجوع الی اللہ ہے ۔(۳) ۔ گوشہ قبر بھی خانہ تیرہ و تار ہے جس کا چراغ کلمہ طیبہ لا الہ الا اللہ محمد رسول اللہ ہے ۔(۴) ۔ غفلت وخود فراموشی سے آخرت میں بھی تاریکی سے دوچار ہونا پڑتا ہے جس کا چراغ عمل صالح ہے ۔(۵) ۔ اور پل صراط بھی ظلمت ہی ہے جس کا چراغ یقین و ایمان کامل ہے ۔

والسراج لھا الیقین ۔

قول علی مرتضیٰ :

ان من نعیم الدنیا یکفیک الاسلام نعمہ وان من اشغال الدنیا یکفیک الطاعہ شغلا وان من العبرۃ یکفیک الموت عبرۃ ۔

ترجمہ : دنیا کی نعمتوں میں سے تجھے نعمت اسلام کافی ہے ۔ دنیا کی مشغولیستوں میں سے تجھے مشغولی عبادت کافی ہے ۔ دنیا کی عبرتوں میں سے تجھے عبرت موت کافی ہے ۔

موت کیا ہے؟

زندگی اور موت کی کشمکش ابتداءً سے چلی آرہی ہے۔ زندگی نے دعویٰ کیا کہ اس دنیا میں ہمیشہ رہوں گی۔ موت نے اس کو باطل کر کے دکھایا۔

کش مکش ہوتی رہی دن رات مرگ و زیست میں
انتہا میں موت جیتی اور ہاری زندگی

زندگی میں انسان نے مکان بنایا کارخانے بنائے۔ دکان بنائی۔ ملیں لگائیں باغات لگائے کوٹھیاں ایئر کنڈیشنڈ تیار کیں محل بنائے آرائش و زیبائش کے سامان تیار کئے۔ بناوٹ سجاوٹ سج دھج دکھایا۔ قلعے تیار کیے اور حفاظتی جنگلے لگائے۔ مگر جب موت نے ڈیرا ڈالا۔ اجاڑ کے رکھ دیا رہنے والے مکین چلے گئے۔ گاہک آئے دکاندار روانہ ہو چکا تھا۔ بیوی تھی مگر بیوہ تھی۔ بچے تھے مگر بے سہارا۔ ہنستے ہوئے گھر غمزدہ ہو گئے۔ خوشی غمی میں تبدیل ہو گئی۔ آبادی بربادی میں تبدیل ہو گئی۔ خانہ سرسبز و شاداب خراب ہو گیا۔ اللہ اللہ کتنا ہولناک منظر ہے۔ نو مولود چیخ رہا ہے مگر دودھ پلانے والی شفیق ماں دنیا سے چل بسی۔

حکایت:

حضرت ابن منبہ فرماتے ہیں کہ ایک مرتبہ ملک الموت ایک بہت بڑے جابر ظالم کی روح قبض کر کے جا رہے تھے۔ فرشتوں نے ان سے پوچھا۔ کہ تم نے ہمیشہ جانیں قبض کیں۔ کبھی کسی پر رحم بھی آیا۔ انہوں نے کہا کہ مجھے سب سے زیادہ ترس اس عورت پر آیا۔ جو جنگل میں بالکل تنہا تھی۔ جو نہی اس کا بچہ پیدا ہوا مجھے اس عورت کی جان

قبض کرنے کا حکم ہوا۔ مجھے اس بچے کی تنہائی پر بڑا ترس آیا کہ جنگل میں جہاں کوئی دوسرا نہیں ہے اس بچے کا کیا بنے گا؟ فرشتوں نے کہا یہ ظالم جس کی روح تم لے جا رہے ہو۔ وہی بچہ ہے۔ ملک الموت حیران ہو گئے۔ کہنے لگے مولیٰ تو پاک ہے بڑا مہربان ہے۔ جو چاہتا ہے کرتا ہے۔ اس کے برعکس دودھ بہہ رہا ہے مگر پینے والا قبر کے اندر چلا گیا۔ ہاں ہاں بادشاہوں کے محلات مضبوط تھے۔ قلعے موجود ہیں۔ مگر اب وہ کھنڈر رہیں۔ خالی ہیں۔ یادگار ہیں۔ آثارِ قدیمہ ہیں۔ عبرت گاہ ہیں۔ تخت ہے تخت نشین نظر نہیں آتا۔ آرام کرسیاں موجود ہیں مگر کرسی نشین مفقود۔ گاؤ تکیے رہ گئے۔ مگر ٹیک لگا کر آرام کرنے والے چلے گئے۔ اس جہانِ فانی میں بڑے بڑے لوگ آئے: بدکار آئے، با وقار آئے، انبیاء، اولیاء، صلحاء، اتقیاء، امراء، عقلا، فصحاء، بلغاء آئے، طاقتور بہادر پہلوان آئے، نوجوان آئے، بادشاہ آئے، وزیر آئے، حسین آئے، نازنین مہ جبین آئے، سپہ سالار آئے، شہسوار آئے، سردار آئے، مالدار آئے، نیکوکار آئے، بدکار آئے، پدمہا کروڑہا لکھو کھا ہزار ہا آئے، تندرست آئے لاچار آئے مگر سب چند دنوں کے مہمان تھے۔ کیسے ہی ڈی شان تھے۔ بہادر تھے پہلوان تھے موت نے کسی کو نہیں چھوڑا۔ مغرور کا غرور توڑا ۔ دولت میں قارون، تکبر میں فرعون، ظلم میں ہلاکو، شہ زوری میں رستم، خوبصورتی میں یوسفؑ، صبر میں ایوبؑ، درازیِ عمر میں نوحؑ، جلالی میں موسیٰؑ، عدالت میں عمرؓ، صداقت میں صدیقؓ، سخاوت میں عثمانؓ، شجاعت میں علیؓ، شہادت میں حمزہؓ و حسینؓ، فصاحت میں سبحانؓ، عدل و انصاف میں نوشیرواںؓ، حکمت میں لقمانؑ، جود میں حاتم، موسیقی میں تان سین، عشق میں مجنوں، شاعری میں انوری، سعدی، حافظ، جامی، فردوسی اور اقبال، خاموشی میں زکریاؑ، گریہ میں یعقوبؑ، رضاجوئی میں ابراہیمؑ، ادب میں اسماعیلؑ، ذہانت میں فیضی، حکومت میں سلیمانؑ، فلسفہ میں غزالیؒ، تفسیر میں محمود آلوسیؒ، حدیث میں

بخاری، دعوت میں نوحؑ، خونریزی میں چنگیز خاں، فقہ میں امام ابو حنیفہؒ، خوش الحانی میں داؤدؑ، سیاحت میں ابن بطوطہ، فتح میں سکندر اعظم، شہادت و صبر میں امام حسینؓ، تصنیف و وعظ میں مولانا اشرف علی تھانوی، تبلیغ میں مولانا الیاس، سیاست میں مولانا عبید اللہ سندھی، میدان خطابت میں حضرت سید عطاء اللہ شاہ بخاری اور مجاہدہ میں حسین احمد مدنی۔

عورتیں :-

حیاء میں مریمؑ، امتحان میں کامیاب ہاجرہؑ، ایمان میں بنیان مرصوص آسیہ، وفا میں خدیجہؓ، علم میں صدیقہؓ، صبر میں سمیہؓ، سخاوت میں زبیدہؒ، عفت میں فاطمہؓ، حدیث میں رفاعیہؒ مگر یہ بھی قبر کی مہمان بن گئیں۔

تھیں عظیم ہستیاں مگر خالی کر گئیں بستیاں

نہ آیا جو کہ باقی رہانہ ساغر رہانہ ساقی رہا

بی بی عائشہ صدیقہؓ نے فرمایا:

لوکانت الدنیا تدوم لواحد

لکان رسول اللہ فیہا مخلدا

فارسی میں کسی نے کیا عجیب کہا:

اگر کس در جہاں پایندہ بودے

ابوالقاسم محمد زندہ بودے

انسان کیسا احمق بے وقوف ہے۔ کیوں نہ ہو۔ مگر اسے موت کا یقین ہے۔ موت کا سیاہ بادل ہر وقت سر پر منڈلا رہا ہے۔ جہاں موجود ہو، جس جگہ ہو ایک دن موت کے پنجہ میں گرفتار ہو گا۔ کون ہے جو دعویٰ کرے کہ یہ چیز میری ہے، مگر ایک موت ہے جو

دعویٰ کر سکتی ہے کہ یہ میرا ہے۔ آنے کا ایک راستہ ہے۔ مگر جانے کے ہزار راستے ہیں۔

دنیا کی زندگی موت پر موقوف ہے۔

رہِ مرگ سے کیوں ڈراتے ہیں لوگ

بہت اس طرف کو تو جاتے ہیں لوگ

ہم موت کو بھول جائیں۔ مگر موت نے ہمیں نہیں بھلایا آئے گی ضرور آئے گی۔ یہ شکایت ہی غلط ہے کہ موت اچانک آتی ہے۔ پہلے مطلع نہیں کرتی۔ ہم روزانہ اپنی آنکھوں سے بچے، جوان، بوڑھے اور نوجوان مرتے دیکھتے ہیں۔ ہر شخص جانتا ہے کہ مرنے کا وقت مقرر ہے۔

سبق آموز واقعہ:

قدیم بادشاہوں میں رواج تھا کہ ایک افسر ان کو ہر صبح و شام موت یاد دلایا کرتا تھا۔ جب شاہجہاں کی تاج پوشی ہو رہی تھی۔ راگ رنگ، ناچ گانے، راجے مہاراج، خوبصورت لونڈیاں، سپاہ لشکر سب موجود تھے۔ خزانے لٹائے جا رہے تھے۔ اہل اللہ دعا کر رہے تھے۔ فقرا، گدا مداح سرائی میں مصروف تھے۔ شعراء قصیدے لکھ رہے تھے۔ انتظام و اہتمام دربار عام صبح و شام جاری تھا۔ مرصع مزین شاندار چمکدار موتیوں والا تاج سر پر تھا۔ آفرین مبارک بادی کے پیغامات اطلاعات، لگاتار مل رہے تھے۔ خوشی و مسرت و شادمانی میں ہر شخص باغ و بہار تھا۔ اچانک ایک فقیر نے بلند آواز سے کہا۔ بادشاہ سلامت! اتنی خوشی کا اظہار کرو جتنی خوشی خوشی رہ سکے۔ کل یہ تاج اتارا جائے گا۔ یہ شاہی ختم ہو جائے گی۔ یہ عیش و عشرت سب کافور ہو جائے گی۔ جو عزت دے سکتا ہے۔ ذلت بھی دے سکتا ہے۔ شاہی دینے والا تباہی بھی کر سکتا ہے۔ تاج دینے والا اتار بھی سکتا ہے۔ ہزاروں

میں رونق افروز ہونے والا اکل تنگ و تاریک قبر میں چلے جائے گا۔ شاہجہان کا چہرہ یکایک فق ہو گیا۔ گردن جھک گئی، آنکھیں پر نم ہو گئیں، دماغ چکر اگیا۔ وجود کانپنے لگا۔ فوراً تخت سے اتر کر مٹی پر سر رکھا۔ عاجزی و انکساری سے روتے ہوئے عرض کیا۔ کہ مالک زمین و آسمان، اے حقیقی شاہجہان، رب دو جہان، اے رحیم و رحمان، اے وارث کون و مکان، میں کمترین انسان شاہجہان پانی کا قطرہ، لاش محض، محتاج فقیر ناتواں، بندہ حقیر ہوں۔ اے اللہ! ذلت سے بچانا، حکومت تیری ہے میں تیرا محکوم ہوں، میں عاجز تو قوی، میں انسان تو عالی شان، میں فقیر تو مدبر، میں فانی تو باقی، مجھے ناز نہیں نیاز ہے، تو ہی شرافت دے، قوم کی خدمت دے، بادشاہ کی اس مسکینی، ناتوانی، بے چینی، بیقراری اور اضطراری کو دیکھ کو پورے دربار میں سناٹا چھا گیا۔ تمام خوشیاں، عیش و عشرت فکر آخرت میں تبدیل ہو گئیں۔ ہر طرف خاموشی چھا گئی۔ تمام پروگرام موقوف، اذہان مأوف۔

نے ترسی ازاں روزے کہ در گورت فرو آرند

عزیزاں جملہ باز آیند تو تنہا در لحد مانی

حکایت:

ایک بیوہ عورت کا اکلوتا بیٹا فوت ہو گیا۔ بیچاری ممتا کی ماری در بدر پھرتی رہی کہ میرے بچے کا علاج کرو۔ اسے یقین نہ آیا کہ واقعی میرا بیٹا مر گیا ہے۔ لوگوں نے سمجھایا، بتایا، کفن اٹھا کر دکھایا کہ تیرا بچہ موت کی آغوش میں چلا گیا پھر بھی اس ممتا، غمزدہ ماں کو یقین نہ آیا۔ ایک ولی اللہ کے پاس گئی۔ پوچھا میرا بچہ زندہ ہے یا مردہ؟ اگر مردہ ہے تو زندہ کر دو۔ اہل اللہ نے کہا کہ مردہ کو زندہ کرنا رب العالمین کا کام ہے، اچھا میں زندہ کروں گا۔ بشرطیکہ ایسے گھر سے پانی کا گھڑا بھر کر لا دے جہاں کوئی بھی نہ مرا ہو۔ اس نے تمام شہر

چھان مارا۔ کالونی اور محلوں میں پھری۔ جھونپڑی، خیمہ تک پھری۔ مگر سب نے جواب دیا کہ ہر گھر سے جنازہ اٹھا ہے بلکہ زندہ کم ہیں مرے بہت ہیں۔ وہ عورت واپس آئی۔ اسے یقین ہو گیا کہ لڑکا واقعی مر چکا ہے۔ یہ فقط میرے ساتھ نہیں ہوا بلکہ اوروں کے ساتھ یہی صدمہ ہوا ہے۔ پس صبر کے سوا چارہ نہیں۔

حکایت:

ہارون الرشید کا شہزادہ، مگر نہ دولت کا دلدادہ نہ شاہی محلات میں رہنے پر آمادہ، نہایت سادہ، مسکینی فقیری اختیار کی۔ بیابانوں ویرانوں میں پھرتا رہا۔ بادشاہ نے کئی بار قاصد بھیجے۔ بیٹا گھر آؤ نعمتیں ہیں، لطف ہے، خزانے ہیں، دولت ہے، عیش ہے، آرام ہے، محل ہے، نوکر ہیں، باندیاں ہیں، تیرے ہر اشارے پر ہر چیز میسر ہو سکتی ہے۔ بیٹے نے کہا والد محترم! یہ سب بے کار ہے، آخر فنا ہے، دنیا بے وفا ہے۔ آخرت کے مقابلے میں ہیچ ہے۔ دنیا قارون کا ورثہ ہے اور دین محمد مصطفیٰ ﷺ کا ورثہ ہے۔

میری نگاہ قرآن کی اس آیت پر ہے:

قُلْ مَتَاعُ الدُّنْیَا قَلِیْل۔

ترجمہ: فرمائیے۔ سامان دنیا بہت تھوڑا ہے۔

وَالْآخِرَۃُ خَیْرٌ وَّاَبْقٰی۔

ترجمہ: آخرت اچھی ہے اور باقی ہے۔

ایک دن شہزادے کی موت کا وقت قریب آیا۔ صحرا میں کس پر سی، میں مسکینی میں جان جان آفرین کے سپرد کرنے سے پہلے زمین پر یہ اشعار تحریر کر کے ہمیشہ کے لئے خاموشی ہو گیا۔ اشعار نوشتہ بر زمین یہ تھے۔

یا صاحبی لا تغرربتنعمی

فالعمر ینفدوالنعیم یزول

اذا حملت الی القبر لجنازہ

فاعلم بانک بعد ھا محمول

ترجمہ: اے دوست دولت پر مغرور نہ ہو۔ یہ مال بھی ختم ہو گا اور عمر بھی۔ جب قبرستان کی طرف جنازہ اٹھا کر لے جائے تو یقین کرنا کہ اس کے بعد تیری باری بھی آئے گی۔ ہارون الرشید کو اطلاع ملی کہ تیرا فرزند، ارجمند فلاں جنگل میں فقیری لباس، اینٹ سرہانے نہ پلنگ نہ غالیچے وہ نازنین نازک بدن، زیب چمن، بے وطن بے گور و کفن، مسکینی انداز میں دنیا سے بے نیاز ابدی نیند سو رہا ہے۔

بادشاہ نے جب یہ سنا تو محبت و شفقت پدری نے جوش مارا، چیخیں نکل گئیں، بے اختیار رو پڑا، فوراً عزیز بیٹے کے سرہانے پہنچا۔ پیشانی چوم کر کہا! مبارک ہو بیٹا تو نے فقیری کو امیری پر ترجیح دی، آج تو رسول اللہ ﷺ کی گود میں چلا گیا۔ زندگی سادہ موت اعلیٰ مگر تیری جدائی کا داغ ہمیشہ سینے میں رہے گا۔

تواضع ز گردن فرازاں نکوست

گدا اگر تواضع کند خوئے اوست!

سیٹھ جی کو فکر تھی اک اک کے دس کیجیے

آیا جو ملک الموت بولا جان واپس کیجیے

ہارون الرشید متاثر ہوئے بغیر نہ رہ سکا یقین ہو گیا کہ دنیا فانی ہے۔ آخرت باقی ہے۔ اس کے بعد علماء کی محبت اختیار کی۔

خود ہارون الرشید کی بھی یہ مشہور بات ہے کہ نصیحت کے سننے پر بہت رویا کرتے

تھے۔ ایک مرتبہ حج کو جا رہے تھے۔ تو سعدوں مجنوں راستہ میں سامنے آ گئے۔ چند شعر پڑھے۔ جس کا مطلب یہ تھا۔ مان لیا کہ تم ساری دنیا کے بادشاہ بن گئے ہو۔ لیکن کیا آخر موت نہ آئے گی؟ دنیا کو اپنے دشمنوں پر چھوڑ دو۔ جو دنیا آج تمہیں خوب ہنسا رہی ہے۔ یہ کل کو تمہیں خوب رلائے گی۔ یہ اشعار سن کر ہارون الرشید نے ایک چیخ ماری اور بے ہوش ہو کر گر گئے۔ اتنے طویل عرصہ تک بے ہوش رہے کہ تین نمازیں قضا ہو گئیں۔

حکایت:

بہلول مجذوب ہارون الرشید کے زمانے میں ایک مجذوب صفت بزرگ تھے۔ ہارون الرشید ان کی باتوں سے ظرافت کے مزے لیا کرتے تھے۔ کبھی کبھی جذب کے عالم میں وہ پتے کی باتیں بھی کہہ جایا کرتے تھے۔ ایک مرتبہ بہلول مجذوب ہارون الرشید کے پاس پہنچے۔ ہارون الرشید نے ایک چھڑی اٹھا کر دی۔ مزاحاً کہا کہ بہلول یہ چھڑی تمہیں دے رہا ہوں۔ جو شخص تمہیں اپنے سے زیادہ بے وقوف نظر آئے اسے دے دینا۔ بہلول مجذوب نے بڑی سنجیدگی کے ساتھ چھڑی لے کر رکھ لی۔ اور واپس چلے آئے۔ بات آئی گئی ہو گئی۔ شاید ہارون الرشید بھی بھول گئے ہوں گے۔ عرصہ کے بعد ہارون الرشید کو سخت بیماری لاحق ہو گئی۔ بچنے کی کوئی امید نہ تھی۔ اطبا نے جواب دیا۔ بہلول مجذوب عیادت کے لئے پہنچے اور سلام کے بعد پوچھا۔ امیر المومنین کیا حال ہے؟ امیر المومنین نے کہا حال پوچھتے ہو بہلول؟ بڑا لمبا سفر درپیش ہے۔ کہاں کا سفر؟ جواب دیا۔ آخرت کا۔ بہلول نے سادگی سے پوچھا۔ واپسی کب ہو گی؟ جواب دیا بہلول! تم بھی عجیب آدمی ہو۔ بھلا آخرت کے سفر سے بھی کوئی واپس ہوا ہے۔ بہلول نے تعجب سے کہا۔ اچھا آپ واپس نہیں آئیں گے۔ تو آپ نے کتنے حفاظتی دستے آگے روانہ کئے اور

ساتھ ساتھ کون جائے گا؟ جواب دیا۔ آخرت کے سفر میں کوئی ساتھ نہیں جایا کرتا۔ خالی ہاتھ جا رہا ہوں۔ بہلول مجذوب بولا۔ اچھا اتنا لمبا سفر کوئی معین و مدد گار نہیں پھر تو لیجئے ہارون الرشید کی چھڑی بغل سے نکال کر کہا۔ یہ امانت واپس ہے۔ مجھے آپ کے سوا کوئی انسان اپنے سے زیادہ بے وقوف نہیں مل سکا۔ آپ جب کبھی چھوٹے سفر پر جاتے تھے۔ تو ہفتوں پہلے اس کی تیاریاں ہوتی تھیں۔ حفاظتی دستے آگے چلتے تھے۔ حشم و خدم کے ساتھ لشکر ہمر کاب ہوتے تھے۔ اتنے لمبے سفر میں جس میں واپسی بھی ناممکن ہے۔ آپ نے تیاری نہیں کی۔ ہارون الرشید نے یہ سنا تو رو پڑے اور کہا۔ بہلول ہم تجھے دیوانہ سمجھا کرتے تھے۔ مگر آج پتہ چلا۔ کہ تمہارے جیسا کوئی فرزانہ نہیں۔

حکایت:

ایک اہل اللہ کی وفات کا وقت جب قریب آیا۔ تو وصیت کی کہ میرے کفن پر یہ اشعار لکھ دیں۔ شاید میری نجات ہو جائے۔ یہ اشعار کفن پر لکھ دیئے گئے۔

یا رب تیری رحمت کا امیدوار آیا ہوں

منہ ڈھانپے کفن سے شرمسار آیا ہوں

چلنے نہ دیا بار گناہ نے مجھ کو پیدل

اس لئے کندھوں پر سوار آیا ہوں

کسی نے خواب میں دیکھا۔ پوچھا کیا حال ہے۔ فرمایا فضل ذوالجلال ہے۔ ان اشعار کی وجہ سے رحمت رب غفار کو جوش آیا۔ معاف فرمایا۔ قبر باغ جنت ہو گئی۔ الحمدللہ۔

ارشاد حضرت علی:

حضرت علی جب قبرستان سے گزرتے یہ مقولہ دہراتے اور آنسو بہاتے یوں

فرماتے:

(1)۔   یاا ٔہل القبور اموالکم قسمت

(2)۔   اے قبر والوں تمہارامال سب تقسیم ہو گیا۔

(3)۔   ودیارکم سکنت۔

(4)۔   تمہارے گھروں میں اور لوگ آباد ہو گئے۔

(5)۔   ونسا ٔکم زوجت۔

(6)۔   تمہاری بیوی نے اور خاوند کر لیے

(7)۔   واولادکم حرمت۔

(8)۔   تمہاری اولاد تمہاری شفقت سے محروم ہو گئی۔

بیماری: کثرت مال کی ہوس۔

علاج: قبور کی زیارت۔

فرماتے ہیں۔ کہ جب بچہ پیدا ہوتا ہے۔ تو کان میں اذان و تکبیر دی جاتی ہے۔

یہ حقیقتًا موت کا اعلان ہے کہ فانی جہان ہے۔

اذان الناس حین الطفل یاتی

وتا خیر الصلوۃ المر ٔئشئ

یشیر بان عمر المر ٔئشئ

کما بین۔ الاذان الی الصلوۃ

بچے کی پیدائش پر اذان دینااور نماز کو وفات تک موخر کرنااس بات کی طرف اشارہ ہے کہ آدمی کی عمر بس اتنی ہی ہے جتنا اذان اور نماز کے درمیان وقفہ ہوتا ہے۔

آتے ہوئے اذان ہوئی جاتے ہوئے نماز

اتنی قلیل مدت میں آئے چلے گئے

قسمت ازیں جہاں ترا ایک کفن است

آں ہم گماں است بری یا نہ بری

اے دل تو دریں جہاں چرا بے خبری

روز و شب طالب سیم و زری

جائے گریہ است ایں جہاں درو مخند

چشم عبرت بکشا و لب بند

حکایت:

ایک شخص کی اکلوتی بیٹی جس کی شادی قریب تھی۔ تمام سامان جہیز مہیا کیا۔ عین شادی کے دن ملک الموت نے ڈیرہ ڈالا اور بچی داغ مفارقت دے گئی۔ بارات آئی۔ مگر دلہن نہ تھی۔ حلوہ تیار کیا۔ مگر کھانے والی نہ تھی جو مبارکبادی دینے آئے تھے شریک موت ہوئے۔ انہیں دور سے کہا گیا۔ کہ آج شادی نہیں بربادی ہے۔ خوشی نہیں غمی ہے۔ مبارک دن نہیں منحوس دن ہے۔ جہیز پر نگاہ پڑی۔ باپ بے اختیار کہہ اٹھا۔

نہ آیا یا دے آرام اس نامرادی میں

کفن دینا تمہیں بھولے تھے ہم سامان شادی میں

کیا اس لئے تقدیر نے چنوائے تھے تنکے

بن جائے نشیمن تو کوئی آگ لگا دے

پھول تو کچھ دن بہار جانفزا دکھلا گئے

حسرت ان غنچوں پہ ہے جو بن کھلے مرجھا گئے

حکایت:

حضرت باقی باللہ ولی اللہ، عالم باعمل، کامل و اکمل، صالح بے بدل تھے۔ ان کا جنازہ رکھا ہوا تھا۔ ایک عقیدت مند دور سے آیا۔ چہرے سے کفن اٹھا کر زیارت کی۔ رو رو کر یہ فرمایا۔ سب کو تڑپایا۔

سرو سیمنا بصحرا امیری سخت بے مہری کہ بے ما میری

اے تماشا گاہ عالم روئے تو تو کجا بہر تماشا میری

جس نے یہ اشعار سنے۔ اس سے ضبط نہ ہو سکا۔ مگر کون دم مارے۔

حکایت:

ایک منصف کا جنازہ جا رہا تھا۔ پوچھا کون ہے؟ جواب ملا جج ہے۔ جو لوگوں کے فیصلے کرتے تھے۔ آج ان کے خلاف فیصلہ ہو گیا۔ اٹل فیصلہ کوئی اپیل نہ دلیل سنی جائے گی۔

آج دنیا کی کچہری سے سدھارے منصف

ملک الموت کی ڈگری ہوئی ہارے منصف

حکایت:

حضرت سلیمان علیہ السلام کی خدمت میں ملک الموت آدمی کی صورت بن کر حاضر ہوا۔ ایک وزیر حضرت کے پاس بیٹھا تھا۔ ملک الموت نے کئی بار وزیر کو دیکھا۔ جب ملک الموت چلے گئے۔ وزیر نے پوچھا۔ حضرت یہ کون تھا۔ فرمایا۔ عزرائیلؑ۔ وزیر نے کہا۔ اس کے بار بار دیکھنے سے خوف پیدا ہوا۔ ابھی ہوا کو حکم دو کہ مجھے اپنے وطن بو ماس جزیرہ میں پہنچا دے۔ حضرت سلیمانؑ نے حکم دیا آن کی آن میں خدا کی شان وزیر با تدبیر

وطن پہنچا۔ ابھی گھر کی دھلیز پر قدم رکھا تھا۔ ملک الموت نے جان قبض کرلی۔ دوسری ملاقات میں سلیمانؑ کے دریافت فرمانے پر ملک الموت نے جواب دیا: میں حیران تھا کہ مجھے حکم ہوا کہ اس وزیر کی جان جزیرہ بوماس میں قبض کرنی ہے اور یہ یہاں آپ کے پاس تھا۔ مگر حکم پورا ہو گیا۔

دو چیز آدمی را ستاند بزور

یکے آب و دانہ دگر خام گور

مثل مشہور ہے۔ "پہنچی وہاں پہ خاک جہاں کا خمیر تھا۔"

حکایت:

ایک ہرن کی دائیں آنکھ ضائع ہو گئی۔ ہمیشہ دریا کے کنارے رہتا تھا۔ ضائع شدہ آنکھ دریا کی طرف کر کے چلتا تھا۔ تاکہ خطرہ نہ رہے۔ اچانک کوئی شکاری کشتی میں جا رہا تھا۔ اس نے گولی ماری۔ ہرن کا کام تمام کر دیا۔ یاد رکھو زندگی آفت میں ہر وقت گھری ہے۔ کسی حالت میں بچنا محال ہے۔

نہ پوچھو میری انتہا موت ہے

وہ مجرم ہوں جس کی سزا موت ہے

حکایت:

ملکہ الزبتھ اول نے کہا تھا۔ جب کہ موت میں گھری ہوئی تھی کہ مجھے کوئی ڈاکٹر موت کے منہ سے بچائے۔ ایک منٹ کی قیمت ایک لاکھ روپیہ دوں گی۔ ڈاکٹر بے بس تھے۔ کوئی بھی نہ بچا سکا۔ سب ہار گئے۔ اسی دن چل بسی۔

لائی حیات آئے قضا لے چلی چلے

نہ اپنی خوشی سے آئے نہ اپنی خوشی چلے

تخت آرا تھا جو کل وہ آج زیر خاک ہے

عالم فانی کا منظر کتنا عبرتناک ہے۔

حکایت:

حضرت حسن بصریؒ جو اہرات کی تجارت کیا کرتے تھے پھرتے پھراتے روم پہنچے۔ کیا دیکھا کہ وزراء کی بیگمات، لونڈیاں اور فوج سب کہیں جا رہے ہیں۔ پوچھا کیا آج جشن ہے یا بے وطن ہو کر جا رہے ہو؟ وزیر نے کہا۔ ہمارے ساتھ چلو۔ ایک جنگل میں پہنچے۔ وہاں خیمہ ایستادہ ہے۔ نہایت شاندار خیمہ۔ پہلے لشکر مسلح نے طواف کیا اور روتے رہے۔ پھر حکماء فلاسفروں نے پھر لونڈیوں نے پھر شاہی بیگمات نے پھر وزیروں نے آخر میں بادشاہ نے طواف کیا۔ اندر گیا۔ بصد رنج و ملال، یاس و حسرت، پریشان روتا ہوا سر جھکائے باہر نکلا۔ کچھ آہستہ آہستہ بادشاہ کہتا رہا۔ حسن بصریؒ نے ماجرا پوچھا کہ کیا ہے؟ وزیر نے کہا۔ یہ نوجوان لڑکا بادشاہ کا فوت ہو گیا ہے۔ ہر سال پورا لشکر یونہی معہ بادشاہ اس کی قبر پر آتے ہیں اور یہ تاثر دیتے ہیں کہ اے بے نیاز کے قبضہ میں یہ فرزند ہے؟ اے عزیز بچہ! اگر میرے اختیار میں ذرہ برابر زندہ کرنے کا امکان ہوتا تو ہم سعی بلیغ کرتے سب مال ملک اور دولت نثار کر دیتے کہ تیری ایک بار ملاقات ہو جاتی۔ مگر ہم ہار گئے۔ ہماری طاقت ہیچ ہے۔ تو ایسی ذات کے قبضہ میں ہے جو بے نیاز ہے۔

حضرت حسن بصریؒ پر اتنا اثر ہوا۔ کہ سب کاروبار چھوڑ کر بصرہ واپس آئے اور تمام جواہرات فی سبیل اللہ غرباء میں تقسیم کر دیئے۔ دنیا ترک کر دی اور گوشہ نشین ہو گئے۔

ستر سال اللہ اللہ میں گزارے۔ ولی کامل بن کر دنیا سے رخصت ہو گئے۔ (فاعتبروایایااولی الابصار)

حکایت:

حضرت بہلولؒ نے گھر میں قبر کھدوا کر رکھی تھی۔ روزانہ صبح و شام اس میں جا کر سو جاتے۔ روتے اور فرماتے! یہ تیرا اصل گھر ہے۔ بہلولؒ یہ بھی بھی گایا نہیں۔ موت یاد کر آخرت پر نظر رکھ!

حکایت:

ایک ولی کامل نے آبادی چھوڑ کر قبرستان میں ڈیرہ لگایا۔ لوگوں نے پوچھا حضرت آبادی میں چلو وہاں انسان آباد ہیں، چہل پہل ہے، آمد و رفت ہے، ماحول ہے، گھر بار ہے، رہن سہن ہے، اہل و عیال ہے، دھن دولت اور مال ہے۔ ولی نے فرمایا۔ دیکھتے نہیں کہ ہر شہر والا اک اک ہو کر یہاں پہنچ رہا ہے۔ وہاں نہ رہوں جہاں ہمیشہ رہنا ہو گا۔

زندگی ہے کشمکش موت ہے کامل سکوت

شہر میں ہے شور و غوغا مقبرہ خاموش ہے

فرمایا۔ شہر میں لوگ دھکے دیتے ہیں اور کہتے ہیں ہٹ جا رستہ دے، اندھا ہے یہ کرو وہ کرو، کون ہے؟، کیوں آئے ہو؟، کیا کام کرتے ہو؟، کہاں رہتے ہو؟، مگر یہاں ایسے لوگ ہیں جو رنج و تکلیف نہیں پہنچاتے۔ سوئے تو اٹھے نہیں، ایسے چپ ہیں کہ بولتے نہیں، گم ہوئے تو نظر نہ آئے، قبر کی مٹی میں گئے تو کپڑے نہیں بدلے، جنگل میں گئے تو گھر واپس نہ آئے۔ پس دوستو! مجھے یہی جگہ یہی ماحول اور یہی دوست پسند ہیں۔

حکایت:

حضرت نوحؑ سے عزرائیلؑ نے پوچھا۔ آپ کی عمر تمام پیغمبروں سے زیادہ ہوئی ہے۔ یعنی 1000 سال۔ آپ نے دنیا کو کیسے پایا؟ کچھ یاد بھی ہے کہ دنیا میں کتنی مدت قیام فرمایا؟ فرمایا! "ایک مکان کے دو دروازے ہیں ایک سے داخل ہوا اور دوسرے سے نکل آیا۔ بس اتنا یاد ہے"۔

اے انسان! ایسی زندگی گزار کہ جب تو دنیا سے رخصت ہو تو تیرے محاسن بیان کریں۔ مولانا رومؒ فرماتے ہیں۔

یاد داری بوقت زادان تو

ہمہ خنداں بودند تو گریاں

ہم چناں زی بوقت مردن تو

ہمہ گریاں بودند تو خنداں

یعنی اے انسان! جب تو پیدا ہوا تو روتا ہوا آیا تیرے ماں باپ دوست و احباب تیرے پیدا ہونے کے وقت خوشی منا رہے تھے۔ اب دنیا میں ایسی زندگی گزار کہ لوگ تیرے فراق میں اشکبار ہوں اور تو ہنستا ہوا اس جہان فانی سے رخصت ہو۔ حدیث قدسی بھی ہے۔

انا عند ظن عبدی بی۔

ترجمہ: بندہ جیسے گمان کرے گا ویسے اللہ کو پائے گا۔

اگر روتا ہوا آئے تو ہنستا ہوا جائے۔ علامہ اقبال فرماتے ہیں۔

نشان مرد مومن با تو گویم

چوں مرگ آمد تبسم بر لب اوست

حدیث نبوی ﷺ ہے:

عَلٰی مَا مُتُّمْ تُحْشَرُوْنَ۔

ترجمہ: جس حالت میں موت آئے گی۔ اسی حالت میں اٹھوگے۔

اِنَّمَا الْاَعْمَالُ بِالنِّیَّاتِ وَالْعِبْرَۃُ بِالْخَوَاتِیم۔

ترجمہ: اعمال کا دارومدار نیتوں پر ہے۔ خاتمہ بالخیر ہے تو خیر۔ ورنہ خیر کہاں۔

فاروقِ اعظم والی دعا یاد کرو۔ فرماتے ہیں:

اَللّٰھُمَّ ارْزُقْنَا شَھَادَۃً فِیْ سَبِیْلِکَ وَاجْعَلْ مَوْتَنَا فِیْ بَلَدِ حَبِیْبِکَ مُحَمَّد صلی اللہ علیہ وآلہ وسلم۔

جس کا خاتمہ کلمہ پر ہوا بچ گیا۔ کامیاب ہو گیا۔ ناجی مراد ہے۔ جہنم سے آزاد ہے، آباد ہے، شاد ہے، ورنہ برباد ہے، ناشاد ہے، نامراد ہے۔

میں نے پوچھا جو زندگی کیا ہے؟

ہاتھ سے گر کر جام ٹوٹ گیا

دنیا کی عجیب کیفیت ہے۔ کوئی آرہا ہے، کوئی جا رہا ہے۔ کوئی شادمان ہے، کوئی پریشان ہے۔ کسی کے لئے حیات، کسی کے لئے موت ہے۔ کسی کا شاندار مکان ہے، کوئی قبر کا مہمان ہے۔ کوئی مسرور ہے۔ کوئی رنجور ہے۔ اے انسان چار روزہ زندگی پر مغرور نہ ہو۔ حقیقت یہ ہے۔

حشر تک زیرِ زمین دور و زبالائے زمیں

دنیا میں تعمیر کی حاجت نہیں

زندگی ہے علامت مرگ کی اے غافلو

اور کچھ اس خواب کی تعبیر کی حاجت نہیں

ہر آن ہر وقت ہر لمحہ یہ اعلان ہو رہا ہے:

اسے بے خبر حیات کا کیا اعتبار ہے

ہر وقت موت سر پر بشر کے سوار ہے

کسی کو موت کا علم نہیں کب کہاں اور کیسے آئے گی۔

آگاہ اپنی موت سے کوئی بشر نہیں

سامان سو برس کا ہے پل کی خبر نہیں

غافل تجھے گھڑیال یہ دیتا ہے منادی

گردوں نے گھڑی عمر کی اک اور گھٹا دی

روزانہ فرشتہ اللہ کی طرف سے پکار پکار کر ندا کرتا ہے۔

الا یا ساکن القصر المعلیٰ

ستدفن عن قریب فی التراب

خبردار اے محلات میں رہنے والا عنقریب مٹی میں دفن ہو گا۔

لہ ملک ینادی کل یوم

لدوا للموت وابنوا للخراب

ہر روز فرشتہ اعلان کرتا ہے۔ آہ بچے مریں گے اور تعمیرات خراب و تباہ ہوں گی۔
اے غافل: تو ہنس رہا ہے۔ تیرا کفن تیار ہو چکا ہے۔ تیری قبر اندھیرے میں ہے۔

حکایت:

حضرت وہب ابن منبہ فرماتے ہیں کہ ایک بادشاہ تھا جس کا ارادہ اپنی مملکت کی زمین کی سیر اور حال دیکھنے کا ہوا۔ اس نے شاہانہ جوڑا منگایا۔ ایک جوڑا لایا گیا۔ وہ پسند نہ آیا۔ دوسرا منگایا وہ بھی پسند نہ آیا۔ غرض بار بار رد کرنے کے بعد نہایت پسندیدہ جوڑا پہن

کر سواری منگائی گئی۔ ایک عمدہ گھوڑا لایا گیا۔ پسند نہ آیا۔ اس کو واپس کر دیا۔ دوسرا منگایا وہ بھی پسند نہ آیا۔ غرض سارے گھوڑے منگائے گئے۔ ان میں سے اپنی پسند کا گھوڑا لے کر سوار ہوا۔ شیطان مردود نے اور بھی نخوت اس کے ناک میں پھونک دی نہایت تکبر سے سوار ہوا، خدام، فوج پیادہ، بڑائی اور تکبر سے رعایا کی طرف التفات بھی نہ کرتا تھا۔ راستے میں چلتے چلتے ایک شخص نہایت سادہ خستہ حال ملا، سلام کیا۔ بادشاہ نے توجہ بھی نہ کی۔ خستہ حال نے گھوڑے کی لگام پکڑ لی۔ بادشاہ نے ڈانٹا۔ لگام چھوڑ۔ اتنی جرات کرتا ہے معلوم ہے میں کون ہوں؟ اس نے کہا مجھے تجھ سے کام ہے۔ بادشاہ نے کہا۔ اچھا صبر کر۔ جب میں سواری سے اتروں گا۔ تب بات کر لینا۔ کہا نہیں۔ اب کام ہے۔ یہ کہہ کر زبردستی لگام چھین لیا۔ کہا میں ملک الموت ہوں اور تیری جان لینے آیا ہوں۔ یہ سن کر بادشاہ کا چہرہ فق ہو گیا۔ دماغ چکرا گیا۔ زبان لڑکھڑا گئی۔ کہنے لگا۔ اچھا مجھے اتنی مہلت دے دے کہ میں گھر جا کر اپنے سامان کا نظم کر لوں۔ فرمایا مہلت نہیں ہے یہ کہہ کر اس کی روح قبض کر لی۔ وہ گھوڑے سے لکڑی کی طرح نیچے گر گیا۔ بغیر پوچھے بغیر اطلاع یا مرض وہ موت ہے۔

کیا نظام قدرت ہے۔ جو حکیم جس مرض میں ماہر تھا۔ اسی کا شکار ہو کر چل بسا سل کے مرض میں ارسطاطالیس، افلاطون فالج سے، حکیم لقمان اور جالینوس اسہال سے مرا، حکیم اجمل خان دل کی بیماری سے، جس بیماری میں ید طولیٰ رکھتے تھے اسی میں ختم ہوئے۔

دھنہ سانپ پکڑتا ہے۔ سانپ نے کاٹا اور چل بسا۔

دنیا یہ سدا عبرت و اندیشہ کی جگہ ہے

ہاں کیسا مقام آٹھ پہر کوچ لگا ہے

جاتے ہیں چلے لوگ مرگ کا دروازہ کھلا ہے

رہ جائے نہ کوئی یہ آواز صدا ہے

مال و عیال ساتھ جانے کو تیار ہوتے ہیں مگر مال گھر تک، عیال قبر تک ساتھ جاتے

ہیں۔ اعمال حشر تک ساتھ رہتے ہیں۔

کہا احباب نے دفن کے وقت

کہ ہم کیونکر وہاں کا حال جانیں

لحد تک تیری تعظیم کر دی

اب آگے آپ کے اعمال جانیں

دنیا کیا ہے؟

یہ دنیا سرائے فانی دیکھی!!

ہر چیز یہاں کی آنی جانی دیکھی

آکے جو نہ جائے وہ بڑھاپا دیکھا

جا کے جو نہ آئے وہ جوانی دیکھی

**

دنیا کی بے ثباتی سے اکبر ملول ہے

لیکن زیادہ اس کا تصور فضول ہے

کیا اچھا کہا:

حقیقت دنیا کی اگر معلوم ہو جاتی

طبیعت محفل عشرت میں مغموم ہو جاتی

کوئی ہنس رہا ہے کوئی رو رہا ہے

کوئی پار ہا ہے کوئی کھو رہا ہے

کہیں ناامیدی نے بجلی گرائی!

کوئی بیج امید کے بو رہا ہے

اس فکر میں اکبر:

دنیا کے جو مزے ہیں ہرگز کم نہ ہوں گے

پرچے یونہی رہیں گے افسوس ہم نہ ہوں گے

ارشاد حضرت شیخ عبد القادر جیلانی:

کم من کفن مفعول

وصاحبہ فی السوق مشغول

ترجمہ: بہت سے لوگوں کے کفن تیار ہو کر آچکے ہیں۔ مگر کفن پہننے والے ابھی تک بازاروں میں خرید و فروخت میں لگے ہوئے ہیں۔ یعنی موت سے غافل ہیں۔

کم من قبر محفور

وصاحبہ بالسرور مغرور

وکم من ضاحک

وھو عن قریب ھالک

وکم من منزل کمل بناؤہ

وصاحبہ قد اذن فناؤہ

وکم من عبد یرجو ابشارۃً

فیرولہ الخسارہ

وکم من عبد یرجو الثواب

فیرولہ العقاب

ترجمہ: بہت سے لوگوں کی قبریں کھود کر تیار ہوئیں۔ مگر ان میں دفن ہونے والے غفلت سے خوشیاں کرتے پھرتے ہیں۔ بہت سے لوگ اس وقت ہنستے خوشیاں کرتے پھرتے ہیں۔ حالانکہ ہنسنے والے جلد ہلاک ہونے والے ہیں۔ بہت سے لوگوں کے ابھی محل و مکان نئے بن کر تیار ہوئے تھے یکایک مکان کے مالک کی موت کا وقت آگیا۔ بہت سے لوگ خوشی کی خبروں کے منتظر ہوتے ہیں۔ اچانک ان کے سامنے رنج و مصیبت کی خبریں آجاتی ہیں۔ بہت سے لوگ برے عمل کرتے ہیں اور امید ثواب کی رکھتے ہیں۔ مگر کیا ہوا۔ ان کا کیا ان کے سامنے آتا ہے۔

عبرت آموز واقعہ:

حضرت فاطمہ کا جنازہ رات کو قبر میں اتارا گیا۔ تو حضرت ابو ذر غفاری نے اپنے جوش میں قبر سے خطاب فرمایا۔

یا قبر اہل اذ تدری من التی جئنا بھا الیک ھذہ بن رسول اللہ ﷺ ھذہ زوجۃ علی المرتضیٰ ھذہ ام الحسنین ۔ ھذہ فاطمۃ الزہراء۔

ترجمہ: یعنی اے قبر۔ تجھے خبر بھی ہے کہ کس کے جنازے کو لائے ہیں ۔ یہ بیٹی رسول اللہ ﷺ کی قبر میں آئی ہے ۔ یہ خاتون ہے ۔ علی المرتضیٰ کی۔ یہ والدہ ہے شہید کربلا کی۔ حضرت حسنؓ حضرت حسینؓ کی۔ یہ فاطمۃ الزہراؑ قبر میں آئی ہیں ۔

قبر سے آواز آئی:

یا با ذر لست انا موضع حسب ولا نسب انا موضع عمل صالح فلا ینجوا الا من کثر خیرہ و سلم قلبہ و خلص عملہ۔

ترجمہ: یعنی اے ابوذرؓ۔ قبر حسب نسب بیان کرنے کی جگہ نہیں ۔ یہاں تو عمل

صالح کا ذکر کرو۔ یہاں تو وہی آرام پائے گا۔ جس کا دل مسلمان ہو گا۔ جس کے عمل صالح ہوں گے۔

چند انمول موتی

دنیا آٹھ چیزوں سے قائم ہے:

(۱)۔ خدا کی رحمت سے۔ (۲)۔ رسول کی رسالت سے۔ (۳)۔ حکماء کی حکمت سے۔ (۴)۔ عابدوں کی عبادت سے۔ (۵)۔ عالموں کی پند و نصیحت سے۔ (۶)۔ بادشاہوں کی عدالت سے۔ (۷)۔ بہادروں کی شجاعت سے۔ (۸)۔ کریموں کی سخاوت سے۔

چار چیزوں کو تھوڑا نہ سمجھو:

(۱)۔ قرض۔ (۲)۔ مرض۔ (۳)۔ دشمنی۔ (۴)۔ آگ۔

چار چیزوں کی قلت اچھی ہے:

(۱)۔ قلعۃ الطعام۔ (۲)۔ قلت الکلام۔ (۳)۔ قلت المنام۔ (۴)۔ قلت الاختلاط مع الانام۔

پانچ چیزیں قساوت قلب کا نشان ہیں:

(۱)۔ توبہ کی امید پر گناہ کرنا۔ (۲)۔ علم پڑھنا عمل نہ کرنا۔ (۳)۔ عمل کرنا مگر اخلاص نہ ہو۔ (۴)۔ رزق کھانا اور شکر نہ کرنا۔ (۵)۔ مردہ کو دفن کرنا اور عبرت نہ لینا۔

نکتہ: مظلوم کی آہ سے بچو۔ جب وہ کہتا ہے۔ اللہ تو لفظ اللہ میں آہ شامل ہوتی ہے۔

ایک باپ سات بیٹوں کی پرورش کرتا ہے۔ مگر بیٹے ایک باپ کی خدمت نہیں کر

سکتے۔بیٹے تین طرح کے ہوتے ہیں۔(۱)۔پوت۔(۲)۔سپوت۔(۳)۔کپوت۔

(۱)۔پوت:وہ ہے جو باپ کی جائیداد کو قائم رکھے۔

(۲)۔سپوت:وہ ہے جو ترقی کرے۔

(۳)۔کپوت:وہ ہے جو جائیداد ضائع کرے۔

تم سوچو تم کون ہو؟ کس لفظ کو اختیار کرو گے۔

نمازی چار قسم کے ہیں:

(۱)۔ٹھاٹھ کے (۲)۔آٹھ کے۔(۳)۔کھاٹ کے۔(۴)۔تین سو ساٹھ کے۔

ٹھاٹھ کے:یعنی روزانہ کے عادی

آٹھ کے:یعنی جمعہ نماز پڑھنا

کھاٹ کے:یعنی جو جنازہ میں شامل ہوں

تین سو ساٹھ کے:یعنی جو صرف عید نماز پڑھیں

تم کون ہو؟

چار الفاظ کلام کا باعث ہوں گے:

(۱)۔کیا۔(۲)۔کیوں۔(۳)۔کیسے۔(۴)۔کہاں۔

دس چیزیں دس چیزوں کو کھا جاتی ہیں:

(۱)۔نیکی بدی کو۔(۲)۔تکبر علم کو۔(۳)۔توبہ گناہ کو۔(۴)۔جھوٹ رزق کو۔

(۵)۔عدل ظلم کو۔(۶)۔غم عمر کو۔(۷)۔صدقہ بلا و مصیبت کو۔(۸)۔غصہ عقل کو۔

(۹)۔پشیمانی سخاوت کو۔(۹)۔غیبت اعمال کو۔

(یہ شعر الٹا پڑھو۔ربط و حروف میں فرق نہیں آئے گا۔ کمال شاعری اسے کہتے ہیں)۔

شکر بتر ازوی وزارت بر کش

شوہمرہ بلبل بلب ہر مہوش

پانچ حروف کو الٹنے سے وہی الفاظ بنتا ہے:

(۱)۔ داماد۔ (۲)۔ نادان۔ (۳)۔ موہوم۔ (۳)۔ موسوم۔ (۴)۔ شاباش۔

عمریں:

حضرت آدم علیہ السلام کی عمر 1000 سال تھی۔

حضرت ابراہیم علیہ السلام کی عمر 195 سال تھی۔

حضرت اسمٰعیل علیہ السلام کی عمر 137 سال تھی۔

حضرت یعقوب علیہ السلام کی عمر 127 سال تھی۔

حضرت اسحاق علیہ السلام کی عمر 180 سال تھی۔

حضرت محمد رسول اللہ صلی اللہ علیہ وسلم کی عمر 63 سال تھی۔

دس خصلتیں دس آدمیوں سے اللہ پاک کو پسند نہیں:

(۱)۔ بخل مالداروں سے۔ (۲)۔ تکبر فقیروں سے۔ (۳)۔ طمع عالموں سے۔

(۴)۔ بے حیائی عورتوں سے۔ (۵)۔ حب دنیا بوڑھوں سے۔ (۶)۔ سستی جوانوں سے۔

(۷)۔ ظلم بادشاہوں سے۔ (۸)۔ بد دلی غازیوں سے۔ (۹)۔ خود پسندی زاہدوں سے۔ (۱۰)۔ ریاکاری عابدوں سے۔

سعادت مندی پانچ چیزوں میں مضمر ہے:

(۱)۔ عورت موافق۔ (۲)۔ اولاد نیک۔ (۳)۔ متقی دوست۔ (۴)۔ ہمسایہ صالح۔

(۵)۔ اپنے شہر میں رزق۔

پانچ باتیں بیوقوفی کی علامت ہیں:

(۱)۔ جاہل کو مونس کرنا۔ (۲)۔ عقلمندوں سے پرواز کرنا۔ (۳)۔ نالائقوں کو

سر فراز کرنا۔(۴)۔ عدو کو ہمراز کرنا۔(۵)۔ دوسروں کی کمائی پر ناز کرنا۔

نقطہ :

جب تک دو چراغ نہ جلیں۔ ایک کے نیچے اندھیرا رہے گا۔ اور دونوں بے نقطہ کے ہاتھ۔ پاؤں۔ کان۔ آنکھ دو دو ہیں۔

کلمے کے دو حصے ہیں۔ دونوں میں بارہ بارہ حروف ہیں۔ اور دونوں بے نقطہ ہیں۔

لا الہ الا اللہ محمد رسول اللہ :

معنی: لا الہ الا اللہ۔ (مقصد زندگی)۔ محمد رسول اللہ (طرز زندگی)

فضیلت کے پانچ درجے ہیں :

(۱)۔ نبوت (۲)۔ صداقت (۳)۔ شہادت۔ (۴)۔ صالحیت (۵)۔ اطاعت

قابل رحم چار ہیں :

یا الہی رحم کر تو ان چار پر۔ (۱)۔ بے کس پر (۲)۔ مجبور پر (۳)۔ مزدور پر (۴)۔ لاچار پر۔

مقولہ علیؓ :

تین شخص بد ترین ہیں :

(۱)۔ فقیر متکبر۔ (۲)۔ بوڑھا زانی۔ (۳)۔ بد کار عالم

قومی ترقی کے تین اسباب ہیں :

(۱)۔ اتحاد۔ (۲)۔ علم۔ (۳)۔ دولت۔

آجکل عدالتوں میں انصاف کی امید کرنے میں تین چیزیں درکار ہیں :

(۱)۔ عمر نوحؑ (۲)۔ گنج قارون (۳)۔ صبر ایوبؑ۔

انسان رات دن میں چوبیس ہزار مرتبہ سانس لیتا ہے:

ہر سانس پر اللہ کا شکر ادا کرنا چاہئیے۔

ہر سانس پر اللہ کا محتاج بھی تو ہے۔

چار چیز است تحفہ لندن

خمر و خنزیر و جرمانہ وزن

فقیر کی دو جزیں ہیں:

(۱)۔ ترک المال (۲)۔ ترک السوال

تین چیزوں کو سمجھ کر اٹھاؤ:

(۱)۔ قلم (۲)۔ قدم (۳)۔ قسم۔

چار قاف سے تبلیغ کا مقصد ادا ہو گا:

(۱)۔ قولی (۲)۔ قدمی (۳)۔ قلمی (۴)۔ قلبی۔

مسجد الحرام میں ایک نماز.....ایک لاکھ کا ثواب۔

مسجد نبوی ﷺ میں.....50000 ۵۰۰۰۰ کا ثواب۔

مسجد اقصٰی بیت المقدس میں.....1000000 ا کا ثواب۔

جامع مسجد سے نماز میں.....500 ۵۰۰ کا ثواب۔

جماعت سے نماز میں.....27 ۲۷ کا ثواب۔

عام لوگوں سے دور رہو تو تین چیزیں میسر ہوں گی:

(۱)۔ راحت جسمانی (۲)۔ قوت روحانی (۳)۔ حفاظت ایمانی۔

مکارم اخلاق تین ہیں:

(۱)۔ عفو بقدر قدرت (۲)۔ تواضع بحالت حکومت۔ (۳)۔ عطا بغیر منت۔

طبقات جہنم سات ہیں:

(۱)۔ سقر (۲)۔ سعیر (۳)۔ لظٰی (۴)۔ حطمہ (۵)۔ جحیم (۶)۔ جہنم (۷)۔ ہاویہ۔

طبقات جنت آٹھ ہیں:

(۱)۔ دارالاسلام (۲)۔ دارالقرآن (۳)۔ جنت عدن (۴)۔ جنت الماویٰ (۵)۔ جنت النعیم (۶)۔ عینین (۷)۔ فردوس (۸)۔ خلد۔

راستے دو ہیں:

حق یا باطل۔ صحیح یا غلط۔ نیکی یا برائی۔ اسلام یا کفر۔ توحید یا شرک۔ سنت یا بدعت۔ سچ یا جھوٹ۔ جنت یا جہنم۔

روزانہ قبر کی پکار:

اے بے کار، گنہگار، خبردار، ہشیار، بار بار لیل و نہار، یہ آواز بے ساز آ رہی ہے۔

انا بیت الظلمۃ انا بیت الوحدۃ انا بیت الغربۃ انا بیت الوحشۃ انا بیت الدودۃ۔

اقوال حکماء اولیاء در فکر آخرت:

حضرت حاتم اصم فرماتے ہیں:

ما من صباح الا و یقول الشیطان ما تاکل وما تلبس واین تسکن اقول لہ اکل الموت والبس الکفن واسکن القبر۔

ترجمہ :"فرمایا جب صبح ہوتی ہے مجھے شیطان کہتا ہے۔ آج کیا کھائے گا۔ کیا پہنے گا۔ کہاں رہے گا۔ جواب دیتا ہوں۔ موت کھاؤں گا۔ کفن پہنوں گا۔ قبر میں رہوں گا۔"

مقولہ:۔

حضرت ابراہیم بن ادھم:

اَنَا قَلِیل لَه بِمَا وَجَدتُ الذَّهد قَال بِثَلاثَة اَشیَاء رَاَیتُ القَبر مُوحِشاً وَلَیس مَعِی مُونِس رَاَیتُ طَرِیقاً طَوِیلاً وَلَیس مَعِی زَادُ وَرَاَیتُ الجَبَّار قَاضِیاً وَلَیس مَعِی حُجَّة۔

ترجمہ : پوچھا گیا۔ زہد و تقویٰ کو کیسے پایا؟ فرمایا۔ تین چیزوں سے۔ دیکھا قبر وحشت کی جگہ ہے۔ میرے پاس ساتھی نہیں۔ دیکھا لمبا راستہ ہے اور میرے پاس توشہ نہیں۔ دیکھا کہ خدائے جبار قاضی ہے اور میرے پاس کوئی دلیل نہیں۔

مقولہ :

حضرت لقمان حکیم :

قَال لِاِبنِه یَا بُنَیَّ اِنَّ لِلاِنسَان ثَلاثَة اَثلاث ثُلث لِلّٰه و ثُلث لِنَفسِه و ثُلث لِدُود۔ فَاَمَّا الَّذِی لِلّٰه فَروحه وَمَاهُو لِنَفسِه فَعَمَله وَاَمَّا الَّذِی لِدُود فَجِسمه۔

ترجمہ : فرمایا۔ بیٹا انسان کے تین حصے ہیں ان میں سے ایک حصہ خدا کا۔ ایک اپنا۔ ایک حصہ کیڑوں کا۔ پس جو حصہ اللہ کا ہے وہ روح ہے۔ جو حصہ اپنا ہے۔ وہ عمل ہے۔ جو کیڑوں کا ہے وہ جسم ہے۔

مقولہ :

حضرت حاتم اصم :

قَال اَربَعَة اَشیَاء لَا یَعرِف قَدرَها اِلَّا اَربَعَة اَلشَّبَاب لَا یَعرِف قَدرَه اِلَّا الشُّیُوخ وَالعَافِیَة لَا یَعرِف قَدرَها اِلَّا اَهل البَلاء وَالصِّحَة لَا یَعرِف قَدرَها۔ اِلَّا المَرضیٰ وَالحَیٰوة اِلَّا یَعرِف قَدرَها اِلَّا المَوتیٰ۔

ترجمہ : چار چیزوں کی قدر چار ہی جانتے ہیں۔ جوانی کی قدر بوڑھے جانتے ہیں۔ اور صحت کی قدر بیمار۔ عافیت کی قدر مصیبت والے جانتے ہیں۔ اور زندگی کی قدر مردے۔

مقولہ:

حضرت سفیان ثوری:

یجمع فی ھذا الزمان لا حد مال الا وعندہ خمس خصال طول الامل وحرص غالب وشح شدید وقلہ الورع ونسیان الاخرۃ۔

ترجمہ: فرمایا۔ اس زمانے میں مال ودولت اس کے پاس جمع ہو سکتی ہے جس میں پانچ خصلتیں ہوں گی۔

(۱)۔ لمبی امیدیں ۔ (۲)۔ حرص قوی۔ (۳)۔ بخل سخت۔ (۴)۔ قلت تقویٰ (۵)۔ فراموشی موت۔

قال الشاعر:

انی لمفتر وان البلاء

یعمل فی جسمی قلیلا قلیلا

نزود للموت زادا فقد

نادا المنادی الرحیل رحیلا

ترجمہ: میں دنیا پر فریفتہ ہو گیا ہوں۔ بے شک آفات ومصائب میرے جسم کو تھوڑا تھوڑا کر کے کھا رہے ہیں۔ موت کے لئے کوئی توشہ لے جا۔ پس تحقیق منادی روز ندا کرتا ہے۔ کوچ ہے کوچ ہے۔

فکر آخرت سرکار دو عالم ﷺ :

قال النبی صلی اللہ علیہ وسلم سیاتی علی امتی زمان یحبون الخمس وینسون الخمس یحبون الدنیا وینسون الاخرۃ ویحبون الحیوۃ وینسون الموت ویحبون القصور وینسون القبور ویحبون

المال وینسون الحساب ویحبون الخلق وینسون الخالق ۔

ترجمہ : فرمایا۔میری امت پر ایسا زمانہ آئے گا کہ پانچ چیزوں کو پسند کریں گے ۔ اور پانچ چیزوں کو بھول جائیں گے ۔

۱۔ دنیا کو پسند کریں گے ۔ آخرت کو بھول جائیں گے ۔

۲۔ زندگی کو پسند کریں گے ۔ موت کو بھول جائیں گے ۔

۳۔ محلات و مکان پسند کریں گے ۔ قبر کو بھول جائیں گے ۔

۴۔ مال و دنیا پسند کریں گے ۔ حساب و کتاب بھول جائیں گے ۔

۵۔ مخلوق کو پسند کریں گے ۔ خالق کو بھول جائیں گے ۔

حضرت ابو سعید خدری فرماتے ہیں :

ایک مرتبہ حضور ﷺ مسجد میں تشریف فرما ہوئے ۔ دیکھا کہ بعض لوگوں کے ہنسی کی وجہ سے دانت کھل رہے ہیں ۔ حضور ﷺ نے ارشاد فرمایا کہ اگر تم لذتوں کو توڑنے والی موت کو کثرت سے یاد کرتے ۔ تو وہ ان چیزوں میں مشغول ہونے سے روک دیتی ۔ جس سے ہنسی آئی ۔

ہر شخص کی قبر روزانہ اعلان کرتی ہے ۔ کہ میں بالکل تنہائی کا گھر ہوں ۔ میں سب سے علیحدہ رہنے کا گھر ہوں ۔ میں کیڑوں کا گھر ہوں ۔ جب نیک دفن ہوتا ہے تو قبر اس سے کہتی ہے کہ تیرا آنا مبارک ہو ۔ تیرے آنے سے بڑی خوشی ہوئی ۔ جتنے لوگ میری پشت پر چلتے تھے ۔ ان میں تو مجھے بہت پسند تھا ۔ آج تو میرے پیٹ میں آیا ہے تو میں تجھے اپنا بہترین طرز عمل دکھاؤں گی ۔ اس کے بعد اس کی قبر اتنی وسیع ہو جاتی ہے ۔ کہ جہاں تک مردہ کی نظر جائے وہاں تک کھل جاتی ہے ۔ ایک کھڑکی جنت میں سے کھل جاتی ہے ۔ جس سے وہاں کی خوشبوئیں اور ہوائیں وغیرہ آتی رہتی ہیں ۔ جب کوئی بدکار ، ریاکار کا فر

دفن ہوتا ہے۔ تو زمین اس سے کہتی ہے کہ تیرا آنا بڑا نا مبارک ہے۔ تیرے آنے سے جی بہت برا ہوا۔ جتنے لوگ میری پشت پر چلتے تھے۔ ان میں تو مجھے بہت برا لگتا تھا۔ آج میں تجھے اپنا بدترین طرز عمل دکھاؤں گی۔ یہ کہہ کر وہ اس کو ایسے بھینچتی ہے کہ اس کی ہڈیاں پسلیاں ایک دوسرے میں گھس جاتی ہیں ۔ حضور اقدس صَلَّی اللهُ عَلَیهِ وَسَلَّم نے اپنی ہاتھ کی انگلیاں ایک دوسرے میں ڈال کر فرمایا۔ کہ اس طرح ایک جانب کی پسلیاں دوسری جانب میں گھس جاتی ہیں ۔ اور ستر اژدھے اس کو ڈسنا شروع کر دیتے ہیں ۔ وہ ایسے زہریلے ہوتے ہیں کہ اگر ان میں سے کوئی ایک بھی زمین کے اوپر پھونک مارے تو قیامت تک زمین پر گھاس نہ اگے گی۔ (اعاذنا اللہ فیھا من سائر العذاب) اس کے بعد حضور صَلَّی اللهُ عَلَیهِ وَسَلَّم نے فرمایا۔ قبر جنت کے باغوں میں ایک باغ ہے یا دوزخ کے گڑھوں میں ایک گڑھا ہے۔

حضرت ابن عمر فرماتے ہیں:

ایک شخص نے حضور صَلَّی اللهُ عَلَیهِ وَسَلَّم سے دریافت کیا۔ کہ یا رسول اللہ صَلَّی اللهُ عَلَیهِ وَسَلَّم! سب سے زیادہ محتاط اور سب سے زیادہ سمجھدار کون ہے؟ آپ نے ارشاد فرمایا۔ جو شخص موت کو کثرت سے یاد کرتا ہے۔ موت کے لئے ہر وقت تیار رہتا ہے۔ یہی لوگ دنیا کی شرافت اور آخرت کا اعزاز و اکرام حاصل کرنے والے ہیں ۔

حکایت:

حضرت عمر بن عبدالعزیز ایک مرتبہ ایک جنازہ کے ساتھ قبرستان گئے۔ قبرستان میں علیحدہ ایک جگہ بیٹھ کر سوچنے لگے ۔ کسی نے عرض کیا۔ امیر المومنین! آپ اس جنازے کے ولی ہیں ۔ آپ ہی علیحدہ جا کر بیٹھ گئے۔ فرمایا! ہاں مجھے ایک قبر نے آواز دی۔

مجھ سے یوں کہا:۔

اے عمر ابن عبدالعزیز! مجھ سے تو یہ نہیں پوچھتا۔ کہ میں آنے والے کے ساتھ کیا کرتی ہوں۔ میں نے کہا۔ تو ضرور بتا۔ اس نے کہا۔ اس کا کفن پھاڑ دیتی ہوں۔ بدن کے ٹکڑے ٹکڑے کر دیتی ہوں۔ گوشت کھا جاتی ہوں اور بتاؤں آدمی کے جوڑوں کے ساتھ کیا کرتی ہوں۔ کندھوں کو بازوؤں سے جدا کرتی ہوں، کلائیوں کو پہنچوں سے، پنڈلیوں کو بدن سے، سرینوں کو رانوں سے جدا کرتی ہوں، یہ فرمایا کہ عمرو ابن العزیزؒ رونے لگے۔

فرمایا! دنیا کا قیام بہت تھوڑا ہے۔ اس میں جو عزیز ہے۔ آخرت میں ذلیل ہے۔ اس میں جو دولت والا ہے۔ آخرت میں وہ فقیر ہے۔ آہ! ان کے عزیز و اقارب، رشتہ دار، پڑوسی، ہر وقت دلداری کو تیار رہتے تھے۔ لیکن اب کیا ہو رہا ہے؟ آواز دے کر ان سے پوچھ کیا گزر رہی ہے۔ غریب، امیر۔ سب ایک میدان میں پڑے ہوئے ہیں۔ ان کے مالدار سے پوچھ، انکے مال نے کیا کام کیا۔ انکے فقیر سے پوچھ، اس کے فقر نے اس کو کیا نقصان دیا۔ ان کی زبان سے پوچھ بہت چہکتی تھی۔ ان کی آنکھوں کو دیکھ جو ہر وقت دیکھتی تھیں۔ ان کے نازک بدن کو معلوم کر کہاں گیا۔ کیڑوں نے ان سب کا کیا حشر بنایا۔ ان کے رنگ کالے کر دیے انکے منہ پر مٹی ڈال دی۔

آہ! کہاں ہیں ان کے وہ آرام دہ کمرے جن میں وہ آرام کیا کرتے تھے۔ کہاں ہیں ان کے وہ مال اور خزانے جن کو جوڑ جوڑ کر رکھتے تھے۔ ان کے حشم و خدم نے ان کے لئے کوئی بستر نہ بچھایا۔ کوئی تکیہ نہ رکھ دیا بلکہ زمین پر ڈال دیا۔ اب وہ بالکل اکیلے پڑے ہیں۔ ان کے لئے اب رات دن برابر ہے۔ آنکھیں نکل کر منہ پر گر گئیں۔ گردن جدا ہوئی پڑی ہے۔ منہ سے پیپ بہہ رہی ہے۔ سارے بدن میں کیڑے چل رہے ہیں۔

اس حال میں پڑے ہیں کہ انکی بیویوں نے دوسرے نکاح کر لئے۔ وہ مزے اڑا رہی ہیں۔ بیٹوں نے مکانوں پر قبضہ کر لیا۔ وارثوں نے مال تقسیم کر لیا۔ یہ تھے اللہ والے۔ آخرت کا ڈر رکھنے والے۔ کہتے ہیں کہ ایک ہفتہ بھی نہ گزرا تھا کہ حضرت عمر ابن عبدالعزیز کا انتقال ہو گیا۔ انا للہ وانا الیہ راجعون۔

٭ ٭ ٭